26

供电企业生产技能人员标准化作业培训教材

输电电缆更换护层过电压限制器

福建省电力有限公司　组编

输变电

中国电力出版社
CHINA ELECTRIC POWER PRESS

内 容 提 要

本册书是按照《供电企业生产技能人员标准化作业培训教材》体系的要求，结合生产实际编写而成。本册书主要介绍输电电缆更换护层过电压限制器的工作程序及相关安全注意事项等。通过对工艺流程及作业案例的介绍，使读者熟悉和掌握作业前的准备工作、作业中的危险点预控、工艺标准和质量要求等内容。

本册书作者都是长期从事电力生产一线的员工，有较为丰富的现场实际经验，所列举的案例也是实际生产过程中所发生的，具有较强的生产现场指导意义。本册书可用于从事输电电缆运维与检修人员持证上岗培训教材，也可作为输电电缆专业人员参考用书。

图书在版编目（CIP）数据

供电企业生产技能人员标准化作业培训教材. 输变电/福建省电力有限公司组编. —北京：中国电力出版社，2012.12

ISBN 978-7-5123-3810-4

Ⅰ. ①供…　Ⅱ. ①福…　Ⅲ. ①供电－工业企业管理－标准化管理－中国－技术培训－教材　②输电－电力系统－技术培训－教材　③变电所－电力系统－技术培训－教材　Ⅳ. ①F426.61

中国版本图书馆 CIP 数据核字（2012）第 287838 号

中国电力出版社出版、发行

（北京市东城区北京站西街 19 号　100005　http://www.cepp.sgcc.com.cn）

北京九天众诚印刷有限公司印刷

各地新华书店经售

*

2013 年 1 月第一版　　2013 年 1 月北京第一次印刷

787 毫米×1092 毫米　16 开本　84 印张　1766 千字

全册定价 **232.00** 元

编　写　组

主　　编　李功新

副 主 编　叶继宏　金昌榕　陈大凤　张　荣

编写组组长　林　平

成　　员　（按姓氏笔画排序）

王全兴　王恒山　叶立群　叶色亮　朱　菁

庄　严　庄沪生　刘志平　严有祥　李　春

李　超　李勇明　李积捷　李萌峰　杨文陵

杨志豪　杨建平　杨毓庆　连鸿松　肖颂勇

吴　达　吴志成　吴奇宝　吴辉煌　吴簪麟

邱振敏　沈明松　沈谢林　张绍明　陈　影

陈艺鑫　陈日坤　陈祥舒　陈朝晖　陈德兴

林　衡　林一泓　林志敏　林志强　林轶群

林海渊　欧世尧　欧永连　罗　松　罗　毅

金建宁　郑哲人　郑雄俊　郑黎斐　赵道阳

施　纬　施广宇　洪西卿　钱志立　翁晓锋

涂恩来　黄　亮　黄国敏　董　磊　傅智为

潘晨曦

前言

preface

为了更好地服务“五大”体系建设，提升生产技能人员良好的“职业化”行为习惯，建立与现场标准化作业生产环境一致的培训课程体系，福建省电力有限公司以现场标准化作业指导书为蓝本，组织开展生产技能标准化作业培训教材的编写工作。为确保教材的编写质量和进度，由总工程师李功新主抓此项工作，多次召集工作协调会，定期听取编写进度汇报；人力资源部负责教材编写的组织工作，运维检修部、科技信通部和调度控制中心负责教材编写的具体工作，福建省电力有限公司和基层单位技术专家组成教材编写与审定小组，公司培训中心负责教材编写框架和编写规范的制订、编写进度跟踪及其他协调工作。

本套教材集中了福建省电力有限公司众多专家学者的智慧，采用了全新的组织架构，突出了基于现场标准化作业的培训特色。本套教材分为配电专业、输变电专业和二次专业三本书，包括 91 项现场标准化作业项目（子分册），具有很强的针对性和实用性。各项目（子分册）分为两部分：第一部分介绍了各项目的工作流程、工作质量标准与控制、危险点分析与预控、管理与记录要求、作业案例等；第二部分罗列了标准化作业指导书等标准化作业文本，并结合第一部分的作业案例说明了标准化文本的填写规范。部分项目（子分册）还在附录部分对设备等内容进行了说明。

其中，配电专业分为架空线路、配电设备、计量装置及其他设备，由福建省电力有限公司运维检修部高级工程师姚亮担任编写组长，福州电业局、厦门电业局、莆田电业局、泉州电业局、漳州电业局、龙岩电业局、三明电业局、南平电业局、宁德电业局、福清电力公司、石狮电力公司、晋江电力公司、南安电力公司、长乐电力公司等单位的专家参与编写工作。输变电专业分为开关类、线圈类和架空线路及电缆，由福建省电力有限公司运维检修部高级工程师林平担任编写组长，福建省电力科学研究院、检修分公司、福州电业局、厦门电业局、莆田电业局、泉州电业局、漳州电业局、龙岩电业局、三明电业局等单位的专家参与编写工作。二次专业分为继电保护、综合自动化、直流系统和电力通信，由福建省电力有限公司调度控制中心高级工程师宋福海、科技信通部高级工程师连纪文担任编写组长，福建省电力科学研究院、检修分公司、信息通信分公司、福州电业局、厦门电业局、莆田电业局、泉州电业局、龙岩电业局、三明电业局、南平电业局等单位的专家参与编写工作。

本册由厦门电业局严有祥担任编写组长，厦门电业局杨毓庆、陈朝晖、陈日坤、叶色亮、福州电业局王全兴、泉州电业局吴志成、三明电业局沈明松、李春等编写；福建省电力有限公司运维检修部吴虹主审，福建省电力有限公司运维检修部林力辉、漳州电业局李郭然、厦门电业局胡志猛、吴增辉、福建省电力科学研究院李强等参审。

本教材在编写、审定过程中得到了福建省电力有限公司有关单位领导和专家的大力支持和帮助，在此一并感谢。同时，也感谢中国电力出版社的大力支持。

由于编者能力所限及编写时间仓促，难免存在疏漏之处，恳请各位专家和读者提出宝贵意见。

目录 contents

第一部分

标准化作业培训

1 作业描述

根据输电电缆更换护层过电压限制器标准化作业指导书的内容，介绍更换护层过电压限制器的工作流程和质量标准要求。通过工艺流程及作业案例的介绍，熟悉和掌握作业前的准备工作、作业中的危险点预控、工艺标准和质量要求等内容。

2 工作流程

输电电缆更换护层过电压限制器的工作流程图如图 1-1 所示。

3 工作质量标准与控制

3.1 引用标准

GB/Z 18890.1—2002	《额定电压 220kV（U_m=252kV）交联聚乙烯绝缘电力电缆及其附件　第一部分：额定电压 220kV（U_m=252kV）交联聚乙烯绝缘电力电缆及其附件的电力电缆系统——试验方法和要求》
GB 50168—2006	《电气装置安装工程电缆线路施工及验收规范》
GB 50217—2007	《电力工程电缆设计规范》
Q/GDW 512—2010	《电力电缆线路运行规程》

3.2 安装质量控制

（1）查阅电缆线路的图纸资料，了解和掌握作业所需的护层过电压限制器型号，确保更换新保护层过电压限制器各项参数符合电缆运行所需参数，并据此选用工器具。

（2）更换的护层过电压限制器安装前应进行外观检查，并应采用 10kV 氧化锌避雷器特性现场测试仪对护层过电压限制器进行测试，确保护层过电压限制器各项参数[包括 U_{1mA} 直流参考电压（kV）、0.75U_{1mA} 泄漏电流（μA）、局放量（pC）等]符合厂家规定主要技术参数。安装时应检查护层过电压限制器之间的间隙，确保新更换护层过电压限制器与线路接触良好。

4 安全风险分析与预控

4.1 危险点 1：触电

事故案例

××××年××月××日上午 09:50 分左右，××送电工区电缆班承担 220kV××I 路电缆停电检修任务。在进行电缆护层绝缘测试时，职工付×被指派到 24 号工井进行接地箱接地线的拆除工作。在拆除接地箱前，付×未认真核对清楚线路名称、接地箱编号，误拆了相邻的 220kV××II 路直接接地箱接地引线，造成感应电通过手臂对地放电，还好没造成人员伤亡事故。

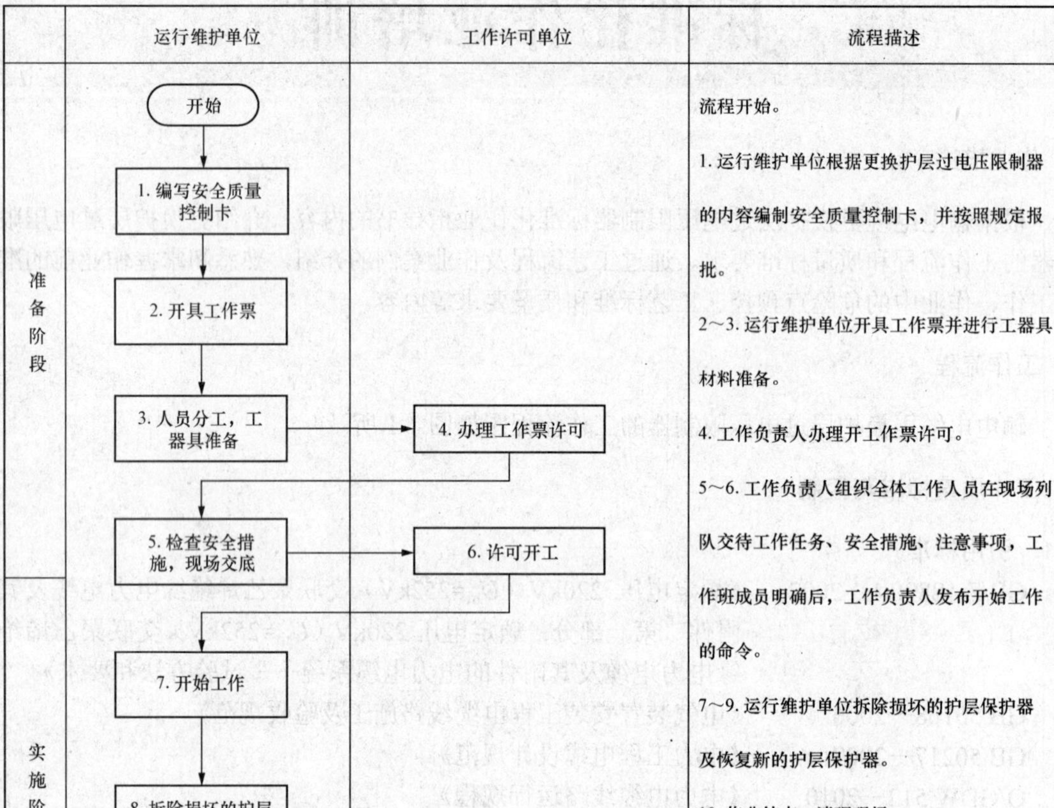

图 1-1 输电电缆更换护层过电压限制器的工作流程图

防范措施

（1）线路经验明确无电压后，应立即装设接地线并三相短路。各工作班工作地段各端和有可能送电到停电线路工作地段的分支线都要验电、装设工作接地线，装、拆接地线应在监护下进行。（《国家电网公司电力安全工作规程（电力线路部分）第 3.4.1 条》）

（2）装设接地线时，应先接接地端，后接导线端，接地线应接触良好、连接应可靠。拆接地线的顺序以此相反。装、拆接地线应使用绝缘棒或专用的绝缘绳。人体不准碰触未接地的导线。（《国家电网公司电力安全工作规程（电力线路部分）第 3.4.5 条》）

4.2 危险点 2：高处坠落

事故案例

××××年××月××日凌晨 3 时，××电力设备安装公司 7 名员工正准备下井检修地下电缆线，在下井时有 5 名检修工人不同程度一氧化碳中毒，其中 2 名检修工中毒程度较深，在送往医院途中死亡。该路段地下电缆线安装保养检修属××电力设备安装分公司，地下电缆线与煤气管道排列在同一位置，由于煤气管道泄漏，井下又无通风，马路中央井盖关闭严密，造成井下泄漏的煤气不能疏散排放。5 名检修工在未戴防毒吸氧面罩情况下打开井盖下井时相继中毒昏倒。路面上 2 名检修工发现后拨打 110 报警。待 110 与消防队赶到急速救起 5 名检修工送往医院抢救。事发 7h 现场检测一氧化碳浓度为 1500mg/m^3，超过国家标准（15mg/m^3）999 倍。

防范措施

电缆井工作时，禁止只打开一只井盖（单眼井除外）。进入电缆井、电缆隧道前，应先用吹风机排除浊气，再用气体检测仪检查井内或隧道内的易燃易爆及有毒气体的含量是否超标，并作好记录。电缆沟的盖板开启后，应自然通风一段时间后方可下井工作。电缆井、隧道内工作时，通风设备应保持常开，以保证空气流通。在通风条件不良的电缆隧（沟）道内进行长时间巡视时，工作人员应携带便携式有害气体测试仪及自救呼吸器。（《国家电网公司电力安全工作规程（电力线路部分）第 12.2.1.11 条》）

4.3 危险点 3：高处落物伤人

事故案例

×月×日，××供电局线路工区在 110kV 麦铁线 75 号～79 号杆进行线路大修时，由郑×上 79 号杆工作。郑×在杆上转移位置时，其使用的脚扣掉下一只，正好砸在地面电工徐×的左前臂，造成徐×左前臂尺骨软组织挫伤的人身轻伤事故。

防范措施

（1）杆塔作业应使用工具袋，较大的工具应固定在牢固的构件上，不准随便乱放。上下传递物件应用绳索拴牢传递，禁止上下抛掷。在杆塔上作业，工作点下方应按坠落半径设围栏或其他保护措施。杆塔上无法避免垂直交叉作业时，应做好防落物伤人的措施，作业时要相互照应，密切配合。（《国家电网公司电力安全工作规程（线路部分）》第 6.2.5 条）

（2）在进行高处作业时，除有关人员外，不准他人在工作地点的下面通行或逗留，工作地点下面应有围栏或装设其他保护装置，防止落物伤人。（《国家电网公司电力安全工作规程（线路部分）》第 7.13 条）

5 管理与记录要求

（1）召开班前会、班后会。

（2）编制工作方案及作业指导书。

（3）将班前会和班后会录音上传至GPMS系统，并做好登记。

（4）将本次作业过程记录录入到GPMS系统，进行评估和终结作业流程。

6 作业案例

110kV××线40号塔更换护层过电压限制器作业。

6.1 作业前准备

6.1.1 准备工作

6.1.1.1 查阅资料

（1）查阅施工电缆线路的图纸资料，了解和掌握作业所需的护层过电压限制器各种参数。复核电缆线路荷载，并据此选用工器具。

（2）勘察现场，了解电缆线路有无影响施工的障碍物等情况。

6.1.1.2 编制作业指导书

包含更换工作任务的人员分工、作业方案、质量控制流程和工艺标准、作业危险点分析及控制措施等内容。

6.1.1.3 工作方法

更换护层过电压限制器。

6.1.1.4 仪器、工器具及材料

详见班组作业安全质量控制卡。

6.1.1.5 作业人员资格审查

必须取得输电电缆专业上岗证书，经安全技术培训并考试合格，无妨碍工作的病症。

6.1.2 召开班前会

6.1.2.1 人员分工

根据作业内容及工作量确定具体的人员分工。

6.1.2.2 技术交底

明确作业方法、工艺及质量标准。

6.1.2.3 进行危险点分析并制定控制措施

危险点分析及控制措施详尽并有针对性。

6.1.3 填写并签发工作票

完整填写电力电缆第二种工作票并履行审批、签发手续。

6.2 作业中控制

6.2.1 作业开工

6.2.1.1 办理工作许可手续

办理电力电缆第二种工作票手续，并且安全措施已布置完毕，可以作业。

6.2.1.2 宣读工作票

（1）工作负责人召集全体人员列队，在宣读工作票时，进行现场技术交底，每个工作人员必须在场聆听，不清楚之处及时向工作负责人提问。工作负责人必须向每一位工作人员交

待清楚各自的工作任务、工作范围、工作时间、安全措施、危险点和安全注意事项；

（2）工作负责人讲明工作中的危险点及控制措施，并进行提问，无问题后工作班人员在工作票上签字确认后，方可开始作业。

6.2.1.3 核对工作范围及设备

工作负责人接到工作许可命令后，率领工作班成员到达现场。工作负责人要亲自按工作票、缺陷传递单核对作业电缆线路名称、杆塔号和色标。

6.2.2 作业内容及质量控制流程

6.2.2.1 拆除损坏的护层保护器

拆除110kV××线40号塔C相电缆终端损坏的电缆护层过电压限制器。

6.2.2.2 恢复新的护层保护器

恢复新的110kV××线40号塔W相电缆终端的电缆护层过电压限制器。

6.2.3 作业结束

6.2.3.1 作业现场清理

达到工完、场清、料净。

6.2.3.2 盘点仪器、工具、材料数量

按仪器、工器具和材料附表核实工具、材料数量。

6.2.3.3 申请办理质量验收

由验收单位按工艺标准及有关规程组织施工质量验收。

6.2.3.4 办理工作票终结手续

工作负责人向工作许可人汇报作业结束，现场人员全部下塔后，没有遗留问题。

6.3 作业后小结

（1）召开班后会。

（2）将修复后参数等台账录入GPMS系统。

（3）将班前会和班后会录音上传至GPMS系统，并做好登记。

（4）将本次作业过程记录录入到GPMS系统，进行评估和终结作业流程。

思考与练习

1．请根据以下案例进行原因分析并思考防范措施。

【案例】 ×月×日，××电业局安排220kV××电缆线路进行更换护层过电压限制器消缺工作。工作共分三个小组进行，其中第二小组工作负责人高×，工作组成员叶×、黄×和何×。18日下午，高×安排自己与何×两人做12号塔工作，其他人在车上休息。约14:20，高某、何×二人到达12号塔位，高×明确了12号塔工作内容，安排何×在地面做配合并进行监护，自己登塔工作。高×完成了塔上工作后，开始从33m高程沿脚钉下塔，15时左右，下行至约16m高程时，失手坠落于塔下，送医院抢救无效死亡。

2．简述更换的护层过电压限制器的安装质量控制要求。

第二部分
标准化作业文本

1 标准化作业指导书

110kV ××电缆更换护层过电压限制器指导书

编制：__________ ________年______月______日

审核：__________ ________年______月______日

批准：__________ ________年______月______日

工作负责人：

作业日期： 年 月 日 时至 年 月 日 时

××××公司

1 范围

本作业指导书适用于110kV电缆更换护层过电压限制器作业。

2 引用文件

GB/Z 18890.1—2002　《额定电压220kV（U_m=252kV）交联聚乙烯绝缘电力电缆及其附件　第一部分：额定电压220kV（U_m=252kV）交联聚乙烯绝缘电力电缆及其附件的电力电缆——试验方法和需求》

GB 50168—2006　《电气装置安装工程电缆线路施工及验收规范》

GB 50217—2007　《电力工程电缆设计规范》

Q/GDW 512—2010　《电力电缆线路运行规程》

国家电网安监〔2009〕664号《国家电网公司电力安全工作规程（线路部分）》

3 环境条件

（1）作业现场的生产条件和安全设施应符合有关标准、规范的要求。

（2）作业应在良好的天气下进行，工作中遇有五级及以上的大风以及雷雨、暴雨、浓雾等恶劣天气时，应停止工作。

4 更换前准备

4.1 准备工作安排

√	序号	内　　容	责任人	备　注
	1	学习本线路电气接线图、护层连接方式、试验标准；熟悉本线路的具体路径、走向、电缆敷设方式等		
	2	部门内部组织安全、质量、进度的技术交底，熟练掌握电缆带电更换护层保护器的方法、技术标准、安全、危险点分析等		
	3	对进场的工器具、设备进行检查和保养，确保能够正常使用		
	4	办理必备的开工手续，系统内办理电缆第二种工作票		
	5	准备相应的安全标识、警示锥、试验围栏		

4.2 人员要求

√	序号	内　　容	责任人	备　注
	1	作业人员应身体健康、精神状态良好、思想稳定、心态正常；如不适应施工现场要求，工作负责人必须对作业人员进行适当调整		
	2	作业人员必须熟练掌握本专业作业技能及《电业安全工作规程》知识，经年度《电业安全工作规程》考试合格，持有本专业职业资格证书，熟悉本线路的施工环境及连接方式		
	3	在作业过程中，所有从业人员严禁吸烟，嘻笑打闹		
	4	进入施工现场工作，必须有监护人，监护人原则上不得做其他工作及擅离作业现场		

4.3 工器具

√	序号	名　称	型号/规格	单位	数量	备　注
	1	绝缘手套		双	2	在规定试验周期内试验合格

表（续）

√	序号	名　称	型号/规格	单位	数量	备　注
	2	试验用的短接线		包	1	各种短接线连接应结实可靠
	3	个人电工工具		套	5	工具绝缘必须全部合格
	4	绝缘鞋		双	5	在规定试验周期内试验合格
	5	安全帽		顶	5	检查合格
	6	安全带		条	5	在规定试验周期内试验合格

4.4 材料

√	序号	名　称	型号/规格	单位	数量	备　注
	1	护层过电压限制器		个	适量	

4.5 危险点分析

√	序号	内　容
	1	作业前，未认真核对设备、编号而走错间隔、误登带电杆塔
	2	作业过程中，人员及工器具与带电线路，同线路带电部分未保持足够的安全距离（110 kV≥1.5 m，220kV≥3m）
	3	工作人员思想波动、情绪反常、身体状况不佳、心理不正常
	4	搭接电缆护层电流引下线时没戴绝缘手套，感应电伤人
	5	高空作业无使用双保险安全带，高空坠落

4.6 安全措施

√	序号	内　容
	1	严格执行工作票制度，正确填写电力电缆第二种工作票
	2	登高作业必须系双保险安全带、戴安全帽、穿绝缘靴；进入作业现场，作业人员必须戴安全帽、穿绝缘鞋
	3	工作中需要进行登高作业时，对工器具进行必要的检查，做好防止人员摔落的安全措施
	4	应设多人监护，塔下、塔上应分别设专人监护，确保人员及工器具同线路带电部分保持足够的安全距离（110kV≥1.5m，220kV≥3m）
	5	搭接电缆护层电流引下线时应戴绝缘手套，防止感应电伤人

4.7 作业分工

√	序号	作　业　内　容	分组负责人	作业人员
	1	填报电缆第二种工作票		
	2	核对 110kV××电缆名称和塔号		
	3	确认作业面安全距离、作业半径，与带电线路，同线路带电裸露部分保持足够的安全距离（110 kV≥1.5 m，220kV≥3m）		
	4	拆除 110kV××40 号塔终端损坏的电缆护层过电压限制器		
	5	安装 110kV××40 号塔终端新的电缆护层过电压限制器		

5 作业程序

5.1 开工

√	序号	内　容	作业人员签字
	1	重新学习施工组织设计和技术措施，落实熟练掌握主绝缘查找方法、技术标准等的人员到位，携带经检查合格的工器具及材料进场	
	2	开工前认真填写工作票，严格审批制度	
	3	严格站、班会制，对当天的工作必须进行“三查”、“三交”，即查着装、查三宝（安全帽、安全带、绝缘鞋）、查精神状况；交任务、交技术、交安全	
	4	工作负责人发布开工令	
	5	在宣读工作票时，进行现场技术交底，每个工作人员必须在场聆听，不清楚之处及时向工作负责人提问，工作负责人必须向每一位工作人员交待清楚各自的工作任务、工作范围、工作时间、安全措施、危险点和安全注意事项	

5.2 作业内容及标准

√	序号	作业内容	作业步骤及标准	安全措施注意事项	责任人签字
	1	拆除损坏的护层保护器	拆除110kV××40号塔损坏的电缆护层过电压限制器	1．确保人员及工器具与110kV裸露带电体保持在不小于1.5m的安全距离。 2．防止人员及工器具高空坠落。 3．拆除时应戴绝缘手套，防止感应电伤人	
	2	安装新的护层保护器	安装110kV×××40号塔新的电缆护层过电压限制器	1．确保人员及工器具与110kV裸露带电体保持在不小于1.5m的安全距离。 2．防止人员及工器具高空坠落。 3．恢复时应戴绝缘手套，防止感应电伤人	

5.3 竣工

√	序号	内　容	负责人员签字
	1	各小组负责人应认真检查各自的工作完成情况，向总负责人进行工作交接	
	2	工毕后，清理施工现场，施工垃圾分类存放，确保施工环境无污染，做到“工完、场清”	
	3	指定专人认真清点本项目施工的所有从业人员，清理开工前所携带的工器具无丢失，材料的使用情况正常，确定线路无人后，拆除所挂接地线并向调度报完工	
	4	详细填写消缺记录	

6 消缺记录

√	序号	缺 陷 内 容	消除人员签字
	1		
	2		

7 验收总结

<table>
<tr><td>序号</td><td colspan="2">检 修 总 结</td></tr>
<tr><td>1</td><td>验收评价</td><td></td></tr>
<tr><td>2</td><td>存在问题及处理意见</td><td></td></tr>
</table>

8 指导书执行情况评估

<table>
<tr><td rowspan="4">评估内容</td><td rowspan="2">符合性</td><td>优</td><td></td><td>可操作项</td><td></td></tr>
<tr><td>良</td><td></td><td>不可操作项</td><td></td></tr>
<tr><td rowspan="2">可操作性</td><td>优</td><td></td><td>修改项</td><td></td></tr>
<tr><td>良</td><td></td><td>遗漏项</td><td></td></tr>
<tr><td>存在问题</td><td colspan="5"></td></tr>
<tr><td>改进意见</td><td colspan="5"></td></tr>
</table>

2　安全质量控制卡

编号：××××××

班组作业安全质量控制卡

作业名称：110kV××40 号塔更换护层过电压限制器

编制：　　　　　　　　　　审批：

工作负责人：　　　　　　　小组成员：

作业性质：不停电作业

计划时间：××年×月×日×时×分至××年×月×日×时×分

1　作业前

1.1　内业准备

序号	名　称	规　格	单位	数量	确认
1．工器具					
1.1	个人工具器		套	2	
1.2	安全带		副	2	
1.3	绝缘手套		副	1	
2．材料					
2.1	护层保护器		个	2	
3．作业文件					
3.1	工作票编号	×××××			
3.2	现场勘察单	□已勘察　□无需勘察			
3.2	记录卡				
4．录音笔					
5．实际综合人日		技工		民工	

1.2　出工准备

序号	名　　称	确认
1	任务分工	
2	出工三检查（检查作业人员着装、劳动防护用品和精神状态）	

2 作业中

2.1 班前会

2.1.1 危险点分析及安全控制措施交底

序号	危险点分析	安全控制措施	确认
1	工作人员思想波动、情绪反常、身体状况不佳、心理不正常	作业人员应始终保持头脑清醒、思想集中、互相关心，身体不适应提前提出	
2	作业人员与带电体的安全距离不够，引起触电伤害	检测过程中，人员及工器具与带电线路应保持足够的安全距离（220kV≥3.0m，110kV≥1.5m）	
3	高空坠落，造成人员伤害	上下铁塔时应稳上稳下，工作人员应配戴好个人防护用品，使用双保险安全带，安全带应系在牢固的构件上，人员转位时不得失去安全带的保护	
4	作业时，作业点下方有人逗留、落物伤人	地面人员严禁在作业点垂直下方活动。人员应防止落物伤人	

2.1.2 安全措施确认

我已知晓上述工作内容、地点、计划时间、人员分工、危险因素及防范措施，精神状态良好。 确认签字：

2.2 作业工序

2.2.1 作业组关键工序安全质量控制

序号	关 键 工 序	风 险 提 醒	确认
1	拆除损坏的护层过电压限制器	1. 确保人员及工器具与110kV裸露带电体保持在不小于1.5m的安全距离。 2. 防止人员及工器具高空坠落。 3. 拆除时应戴绝缘手套，防止感应电伤人	
2	安装新的护层过电压限制器	1. 确保人员及工器具与110kV裸露带电体保持在不小于1.5m的安全距离。 2. 防止人员及工器具高空坠落。 3. 安装时应戴绝缘手套，防止感应电伤人	

2.2.2 工作监护

<table>
<tr><td colspan="5">专人监护</td><td colspan="2">是□　　　　否□</td></tr>
<tr><td colspan="5">杆号</td><td>监护人</td><td>登杆人</td></tr>
<tr><td></td><td></td><td></td><td></td><td></td><td></td><td></td></tr>
<tr><td></td><td></td><td></td><td></td><td></td><td></td><td></td></tr>
</table>

注 作业工序内容可按检修杆塔数量增加页数。

3　作业后

3.1　内业工作

序号	流　程	要　求	确认
1	班后会	工作总结、评价及相应措施	
2	GPMS 流程推进	作业管理相关内容填写、上传完整，发现、处理缺陷录入	
3	录音上传	工作许可、安全措施交待录音	
4	作业文件归档	工作票、检修报表检查并归档	

3.2　作业评价

评价情况：经检查，本控制卡：□ 合格 / □ 不合格，存在____问题，已向____________________指出。

检查人：____________________

_____年____月____日

3 电力电缆第二种工作票

编号：××××××

电力电缆第二种工作票

1. 部门：×××　工作班组：××××　工作负责人：×××

2. 工作班人员：×××、×××、×××

共 ×× 人

3. 工作线路（电缆）名称或设备名称：110kV××电缆线路

4. 工作任务

电力电缆双重名称	工作地点或地段	工 作 内 容
110kV×××电缆	××变电站 110kV××103 间隔电缆终端头至××变电站 110kV××线 102 间隔电缆终端头	110kV×××40 号塔更换护层过电压限制器

5. 计划工作时间：自____年___月___日____时___分至____年___月___日___时___分

6. 工作条件和安全措施：

①应设专人监护；②人员及工器具与 110kV 裸露带电体应始终保持在不小于 1.5m 的安全距离；③所辖的 110kV 电力电缆均在运行当中，工作过程中不得碰伤；④传递工具器和材料应用绳索传递，传递过程应防止绳索晃动，并始终保持与带电体的安全距离；⑤塔上作业应配戴好个人防护用品，操作时应戴绝缘手套，使用双保险安全带；⑥进入工井前应先充分通风，使用有毒气体检测仪检测合格后方可进入；⑦工作完后要清理好现场。

工作票签发人（签名）______________工作负责人签名__________

7. 补充安全措施（工作许可人填写）：

____

____

8. 确认本工作票 1～6 项。工作许可：

（1）在线路上的电缆工作：工作许可人________用________方式许可自____年____月____日____时____分起开始工作。　工作负责人签名__________

（2）在变电站或发电厂内的电缆工作：

安全措施项所列措施中__________（变配电站/发电厂）部分，安全措施已经完全执行，并补充下列安全措施：

____

____

____

许可自_____年____月____日____时____分起开始工作。

工作许可人签名__________　工作负责人签名__________

9．工作票延期　　　工作票有效期延长到＿＿＿年＿＿＿月＿＿＿日＿＿＿时＿＿＿分

工作负责人签名＿＿＿＿＿＿　（＿＿年＿＿月＿＿日＿＿时＿＿分）

工作许可人签名＿＿＿＿＿＿　（＿＿年＿＿月＿＿日＿＿时＿＿分）

10．工作负责人变动：

原工作负责人＿＿＿＿＿离去，变更＿＿＿＿＿＿＿＿为工作负责人。

工作票签发人签名＿＿＿＿＿　（＿＿年＿＿月＿＿日＿＿时＿＿分）

11．工作结束：

（1）在线路上的电缆工作：

工作结束时间＿＿年＿＿月＿＿日＿＿时＿＿分，工作负责人向工作许可人用＿＿＿＿方式汇报。　　　工作负责人签名＿＿＿＿＿＿＿

（2）在变、配电站或发电厂内的电缆工作：

在＿＿＿＿（变、配电站/发电厂）工作于＿＿年＿＿月＿＿日＿＿时＿＿分结束，工作人员已全部退出，材料工具已清理完毕。

工作许可人签名＿＿＿＿＿＿＿　　工作负责人签名＿＿＿＿＿

12．备注：

＿＿＿＿＿＿＿＿＿＿＿＿＿＿＿＿＿＿＿＿＿＿＿＿＿＿＿＿＿＿＿＿＿＿＿＿

＿＿＿＿＿＿＿＿＿＿＿＿＿＿＿＿＿＿＿＿＿＿＿＿＿＿＿＿＿＿＿＿＿＿＿＿

13．交任务、交安全措施确认：

我对工作负责人布置的本施工项目内容及其安全措施已明白无误，所有安全措施已能确保我的工作安全。

工作班人员签名：

＿＿＿＿＿＿＿＿＿＿＿＿＿＿＿＿＿＿＿＿＿＿＿＿＿＿＿＿＿＿＿＿＿＿＿＿

＿＿＿＿＿＿＿＿＿＿＿＿＿＿＿＿＿＿＿＿＿＿＿＿＿＿＿＿＿＿＿＿＿＿＿＿

＿＿＿＿＿＿＿＿＿＿＿＿＿＿＿＿＿＿＿＿＿＿＿＿＿＿＿＿＿＿＿＿＿＿＿＿

14．评价情况：

经检查本票为＿＿＿＿票，存在＿＿问题，已向＿＿＿＿指出。

检查人：＿＿＿＿＿＿＿＿＿

＿＿＿年＿＿月＿＿日

思考与练习答案

1．答：原因分析：

（1）专责监护人未对作业人员的安全进行认真监护，及时纠正不安全的行为。

（2）作业人员安全意识淡薄，下杆塔未抓稳踏牢，造成失手坠落于塔下。

防范措施：（1）作业人员攀登杆塔、杆塔上转位及杆塔上作业时，手扶的构件应牢固，不准失去安全防护，并防止安全带从杆顶脱出或被锋利物损坏。（《国家电网公司电力安全工作规程（线路部分）》第 6.2.3 条）

（2）高处作业人员在作业过程中，应随时检查安全带是否拴牢。高处作业人员在转移作业位置时不准失去安全带防护。（《国家电网公司电力安全工作规程（线路部分）》第 7.10 条）

（3）工作负责人、专责监护人应始终在工作现场，对工作班人员的安全进行认真监护，及时纠正不安全的行为。（《国家电网公司电力安全工作规程（线路部分）》第 2.5.1 条）

2．答：（1）查阅电缆线路的图纸资料，了解和掌握作业所需的护层过电压限制器型号，确保更换新保护层过电压限制器各项参数符合电缆运行所需参数，并据此选用工器具；

（2）新更换的护层过电压限制器安装前应进行外观检查，并应采用 10kV 氧化锌避雷器特性现场测试仪对护层过电压限制器进行测试，确保护层过电压限制器各项参数[包括 U_{1mA} 直流参考电压（kV）、$0.75U_{1mA}$ 泄漏电流（μA）、局放量 pC 等]符合厂家规定主要技术参数。安装时应检查护层过电压限制器之间的间隙，确保新更换护层过电压限制器与线路接触良好。